In Gedanken

AF176321

*Gesammelte Gedichte und Gedanken für
alle, die sich etwas Zeit nehmen zum
Innehalten, zwischen den Zeilen lesen,
darüber nachdenken... sich freuen.*

*Aus vielen, nicht immer freiwillig
erworbenen, Erkenntnissen entstanden
über viele Jahre hinweg die Gedichte in
diesem Band.*

*Einige der hier niedergeschriebenen Texte
sind persönlich und real erlebte
Geschehnisse oder Situationen.*

In Gedanken

Kapitel:

Herstellung und Verlag:
BoD – Books on Demand, Norderstedt
ISBN 9-783752-609127

MIT VIEL LIEBE

ICH LIEBE ES

Ich liebe es,

wenn der Wind die Blätter trägt

und eine Kerze flackern lässt

Ich liebe es,

wenn der fahle Mondschein

sich im Wasser bricht

Ich liebe es,

wenn die Musik leise

meine Gedanken umkreist

Ich liebe es,

wenn Sonnenschein

in meinem Herzen wohnt

Ich liebe es,

wenn der Duft von Jasmin

die Luft erfüllt

Ich liebe es,

wenn die Natur

nach meinem Inneren greift

Ich liebe es,

auf der Welt zu sein

und dieses Leben

Ich liebe es,

zu lieben

Zeit mit Dir

ist diamantengleich

Küsse von Dir

machen meine Knie weich

Liebe von Dir

ist tiefer als das Meer

Wünsche in mir

wiegen zukunftsschwer

Gestern waren wir glücklich

Waren wir das?

Gestern liebten wir uns noch

Taten wir das?

Heute leben wir mechanisch

Sagt man so?

Heute geht jeder seinen Weg

Geht das nebeneinander?

Morgen suche ich ein neues Ziel

Findest du deins allein?

Morgen lass ich dich zurück

Wie nennst du das?

DAS ENDE

MOMENTE

manchmal kann ich nicht essen
        weil ich dich so lieb hab
manchmal kann ich nicht lachen
            weil ich weinen muss vor Glück
manchmal kann ich nicht denken
            weil nur du in meinem Kopf bist

....

Deine Blicke spüren
        heißt Wärme fühlen
Deine Hände spüren
        heißt Freude fühlen
Deine Lippen spüren
        heißt Sanftheit fühlen
Dienen Körper fühlen
        heißt in Gefühlen ertrinken

Alles kaputt

Alles aus

Alles verloren

Alles weg

Alles stumm

Alles verschüttet

Alles zerbrochen

Alles zerstört

Alles gefroren

Alles gefühllos

Alles leer

Lebloses Herz in Trümmern

DU

Jetzt wollt ich was tun
Und weiß nicht mehr was
Man müsste mal ruhen
Nur so zum Spaß

Ich denk viel nach
und überlege oft
Dann lieg ich wach
Ja, hab nur gehofft

In mir ist es kalt
Im Sommer wär`s heiß
Die Mauer fällt ab
Umhüllt mich ganz leis

Im Traum von eben
Der Welt entrückt
Kommt diese Leben
Das mich dann weckt

Bin auf der Reise

Zu meinem ICH

Lauf schnell im Kreise

Und sehe dich

OHNE LÜGE

sag mit die wahrheit
liebst du nur mich
gib mir doch klarheit
sonst hasse ich dich

im sog der vernunft
ist der urlaub vorbei
gibt's keine zukunft
für ein „uns zwei"

EINES TAGES

eines Tages fing es an aufzuhören

schleichend kroch die Monotonie ins Herz

irgendwann wurde aus Liebe Gewohnheit

plötzlich hob sich der Schleier

auf einmal wurde der Blick klar

jetzt braucht es Mut für Veränderungen!

Zuviel Kaffee

Zuwenig Schlaf

Unruhige Nächte

Wirre Gedanken

Stürmisches Herz

Kopfloses Tun

Unsichres Hoffen

Berauschende Träume

Schwebende Schritte

Aufgeregte Freude

NEULAND

Das Kind in mir sagt:

Vielleicht

Die Frau in mir sagt:

Noch nicht

Die Stimme in mir sagt:

Wann dann

Das Kind in mir sagt:

Versuchs einfach

Die Frau in mir sagt:

Trau mich nicht

Die Stimme in mir sagt:

Jetzt oder nie

SEHNSUCHT

Auf meinem Fensterbrett stehen Blumen,

ich denk an Dich

die gieß ich fast täglich,

was du wohl jetzt tust

damit sie nicht vertrocknen,

warum kommst du nicht

wenn sie leben, schenken sie Freude.

Du fehlst mir so

Eine Blume die blüht, zeigt dir den Tag,

Ich warte auf Dich

lässt man sie im Stich, wird sie sterben.

Du bist das Wasser für mich.

HALLO

mach mir keine Geschenke

materielle Dinge

bedeuten mir nichts

schenk mir lieber ein Lächeln

wertvolle Dinge

sind für mich

eine Umarmung

ein Kuss

ein Wort

gemeinsam lachen

sich wohl fühlen

kuscheln

Herz an Herz träumen

ein liebevoller Blick

gegenseitiges genießen

sich verwöhnen

Zeit haben für einander

Liebe?

NACHDENKLICH

manchmal sitz ich nur so da

dann vielleicht denke ich nach

manchmal ist mir zum weinen

dann vielleicht denke ich nach

manchmal renne ich umher ohne ziel

dann vielleicht denke ich nach

manchmal schreie ich vor wut

dann vielleicht denke ich nach

manchmal ist es ganz still in mir

dann denke ich nach - über uns

LIEBESERKLÄRUNG

Ich liebe dich.
Ja wirklich!
Es ist kein Scherz
sagt mein Herz.
Du bist so nice
wie Erdbeereis.
Im Park beim rennen
lernte ich dich kennen.
Aber seit Dezember
sagt mir der Kalender,
habe ich dich gern.
Oh, du mein Stern,
dass es sowas gibt,
ich bin schwer verliebt.
Die Tränen heute Nacht
hat die Sehnsucht mir gebracht.
Leise Jubelschreie,
suchen ewge Treue.
Hab von dir geträumt
Lust aufschäumt
Wie ein Erdbeben
will ich Liebe leben

ZERRONNEN UND VERTAN

Ich hab zu wenig Zeit,

will ich mit dir Essen gehen

bleibt mir keine Zeit

will ich mal in Ruhe lesen

bleibt mir keine Zeit

will ich in der Sonne liegen

bleibt mir keine Zeit

will ich ins Theater gehen

bleibt mir keine Zeit

will ich nicht mehr einsam sein

bleibt mir keine Zeit

will ich mir die Welt ansehen

bleibt mir keine Zeit

will ich nur noch schlafen

bleibt mir keine Zeit

muss ich einmal sterben

ist es dann zu spät!

FREUDE

sprachlos beglückt
fast der Welt entrückt
stehst im Raume da
s`ist wunderbar
kein Gedanke richtig
alles für dich wichtig
lachst die Welten an,
„stoßet mit mir an!"
die Menschen freuen sich
bist auch du glücklich?

Leg dich
zu mir
und lausche
dem Lied
meines
Herzschlags,

zerstöre nicht
das Gefühl
des Eins-Sein
durch Gedanken
an
den Rausch
einer Nacht,

der Himmel
so klar
wie unser Ruf
nach Gemeinsamkeit
tief in unserem
Innersten
empfinden wir

dieses „ich liebe dich",
ohne Worte

jeder tag

ein sonntag

jede stunde ewigkeit

alle worte

des denkens

gefasst

in schweigen

in der luft schweben,

fallen

in die tiefe der gefühle

unerreichbar

für jeden traum

ein stück leben

schenken

den traum teilen

der freiheit

einen namen geben

im licht die hände

sich reichen

miteinander

schatten mit

klarheit überwinden

ohne angst

ohne scheu

das „ich" offenbaren

fehler

mit geduld verstehen

in zweisamkeit

eins werden

bis das wort

form erreicht

bis das wort

alles umschließt

dann

ist

es

„LIEBE"

VORSICHT

wenn du
durch meine Augen
hinunter in die Tiefe
blickst

sei vorsichtig
mit dem
was du siehst
es könnte zerbrechen
und sterben
es kann aber auch
aufblühen
und strahlen
wie der Aufgang der Sonne

drum gib acht,
dass du es nicht
verletzt
mit deinem Wort
mit deiner Lust

dann irgendwann

schließt sich das Tor

und du siehst

hinab in die Tiefe

ins Nichts

FREUDE ISST TRAURIGKEIT AUF

eben noch betrübt,

fast verzweifelt,

Streit, laute Worte,

zugeschlagene Türen,

dann Besinnung,

Reue

zusammen die Tränen trocknen,

sich streicheln,

Vertrauen neu aufbauen,

verzagtes Lächeln,

bis ein Sonnenstrahl

ins Herz trifft,

Augen leuchten,

Erleichterung, Lachen,

Freude isst Traurigkeit auf

WAGNISSE

wer tut den ersten Schritt

in Richtung „Wir"

wer öffnet sein Herz,

und schenkt seinen

Schlüssel zuerst

Kapriolen im Kopf

Freude lässt zittern

Glaubensmut macht stark

doch Taten folgen nicht

ein Zaun grenzt mich ab

ich würd es wagen

doch die Mauer ist zu hoch

der erste Schritt

trifft auf die Wand

und dann ...?

Jetzt bist du fort
Weg von mir, fern
Am anderen Ort
Ich hab dich gern

Was machst du nur?
Ich denk an dich
Seh dein Bild vor mir
Vergiss mich nicht!

Ich hab dich gesucht
Die Tränen rannen
Hab dich verflucht
Doch du bist gegangen

Kein Wort, kein Brief
Nur ein sturer Blick
Als ich dich rief
Kommst du zurück?

HEIRATSANTRAG

vergangen ist es nun
das verflixte 7. jahr
war's bisher wunderbar
so gibt's noch viel zu tun

das wir auch weiterhin
uns verstehen wie bisher
uns täglich lieben etwas mehr
glücklich und zufrieden sind

dann lohnt es sich zu bauen
auf unser band der treue
das niemals ich bereute
im gegenseitigen vertrauen

genug der worte, es folgen taten,
dass wir unser glück besiegeln
unsre solistentür verriegeln
und ins eheleben starten

EINSAMKEIT

fehlende Wärme

keine Sonne

Stille im Raum

Suche nach Freude

lustloses essen

planloses Dasein

Ziellose Selbstgespräche

sehnsuchtsvolle Träume

wirre Gedanken

selbstverlorenes Tun

ohne DICH

dich schau ich an

im Schlaf

zähle deinen Atem

im Schlaf

spüre deine Wärme

im Schlaf

fühle mich geborgen

im Schlaf

suche deine Hand

finde Schlaf

………………………………………………………...

gib mir deine Hand

führe mich

zeige mir das Land

halte mich

wo du zu Hause bist

küsse mich

wenn du Liebe gibst

liebe mich

LIEBE

Liebeln

Liebesblick

Liebelei

Lieben

Liebende

Liebeswiese

Liebesakt

Liebevoll

Liebestoll

Liebesleute

Liebesehe

Liebesbande

Liebeskraft

Lieblos

Liebschaft

Liebesende

Liebeswut

Liebeskummer

Liebesaus!

Sag was Du willst,

bevor Du Liebe killst.

Sprich mit mir!

Ich bin hier!

Ist Dir nicht klar:

Für Dich bin ich da!

Du schottest Dich ab,

still wie ein Grab.

Ich geb nicht auf!

....

schau in die ferne

wie weit ist dein ziel?

leuchtende sterne

ein neues gefühl

wo ist die zukunft

regiert der verstand?

was ist vernunft

im weiten liebesland?

Drei Worte

Ich hör deine Stimme

doch du bist weit weg

bin wie von Sinnen

lieg wach im Bett

die Musik spielt laut

ich hör sie kaum

ein Haus wird gebaut

doch nur im Traum

ich liebe dich

drei kleine Worte

wie ein Gedicht

jedoch nur Worte

Morgens neben dir aufwachen

gemeinsam den Tag begrüßen

den nächtlichen Traum nachempfinden

Geborgenheit spüren Haut an Haut

Hände suchen, Halt finden

Den Tag beginnen mit einem Lächeln

STURM DER GEFÜHLE

bin aufgewacht

um 2 uhr nacht

am himmel keine sterne

musik erklingt von ferne

es kreisen die gedanken

herzschläge wanken

und mir wurd klar

es ist doch wahr

ich hab dich gern

wie den stern

der mich beschützt

meine hoffnung stützt

das kerzenlicht

die schatten bricht

muss mir eingestehn

will dich wiedersehn

ohne worte sage ich

ich bin verliebt in dich

Du warst da

Und ich wusste nicht wohin

Du gabst mir die Hand

Und ich wusste nicht wohin

Du schenktest mir Kraft

Und ich wusste nicht wohin

Du lächeltest nur für mich

Und ich wusste nicht wohin

Du wurdest sehr traurig

Und ich wusste nicht wohin

Du gingst eines Morgens fort

Und ich wusste wohin

den anfang wagen

auf´s offene meer

ja sagen

zur zukunft

wo alles

aufhört

sich in die

augen sehen

die zeit

mensch werden lassen

im anderen

sein spiegelbild

finden

Du hast mich gebraucht

Und ich wusste nicht warum

Du hast mich geküsst

Und ich wusste nicht warum

Du hast mich geliebt

Und ich wusste nicht warum

Du wolltest mich binden

Und ich wusste nicht warum

Du wolltest nur mich

Und ich wusste nicht warum

Du hast versucht mich zu halten

Und ich wusste nicht warum

Eines Morgens ging ich fort

Und Du wusstest warum

OHNE ZUKUNFT

Es ist so hoffnunglos gemein
So sinnlos, so vergebens
Ich weiß es darf nicht sein
Du Liebe meines Lebens
Warum gehörst du ihr
Ich geb alles, dir nur dir

Oh Gott, wie lieb ich dich
und deine Zärtlichkeit
So denk ich nur an dich
und deine Männlichkeit
So schön könnt es doch sein
Nein, es darf nie Liebe sein

Warum nur, ach warum
Gibt's Antworten darauf
Wieso bleibst du jetzt stumm
Alles nehme ich in kauf
Es tut so schrecklich weh
Sobald ich euch zusammen seh

Wie sehn ich mich nach dir

Nach deinem Mund, nach deiner Hand

Wie heftig fühle ich mit dir

Du stehst schon an der Wand

Ein großer Fehler der dich quält

Jedoch ihr Ehering der zählt

Du gabst mir Wärme und Geborgenheit

Verzweifelt suchte ich für uns den Weg

Mir bleibt nur noch die Einsamkeit

Für unsre Zukunft ist es nun zu spät

Einst wollte ich, ich wär gestorben

was ist bloß aus mir geworden

TRAUM VON LIEBE

Liebe soll nicht sein
ein verlassenes Schiff
auf offenem Meer
eher groß nicht klein
nicht wie ein raues Riff
beschwingt, nicht schwer

endet eine Liebe
in unserm Herzen
wie vom Gefühl befohlen
werden wir wie Diebe
verzehren uns mit Schmerzen
weil sie uns gestohlen

SEHNSUCHT

Ein einsames Herz

mein süßer Traum

Liebe mit Schmerz

Rettung wohl kaum

Ein Hoffnungsschimmer

Du bleibst für immer

Glück ist vergangen

Im Streit gefangen

bei Mondenschein

Verlassen, allein

Du gehörst zu mir

Nur du liegst bei ihr

Wieviel andre noch

Sag es mir doch

Deine Worte trügen

Die Augen lügen

Ich war geblendet

Es ist beendet

Die Zukunft gestrichen

Der Enttäuschung gewichen

Die Traurigkeit bleibt

Wunden heilt Zeit

KURZ GESAGT

Lass mich das Gefühl des Gebrauchtwerdens
nicht verlieren,
lass mich nicht zurück mit der Unsicherheit
einer Liebenden,
lass mich nicht zurück als Unwissende,
lass mich nicht zurück

Herz

quillt über

will sich schützen

findet die Türe nicht

verletzlich

....

Herz

quillt über

möchte dich halten

dich verwöhnen, Geborgenheit geben

lieben

Liebe

tut weh

kann schön sein

nur nicht mit dir

Schmerzvoll!

....

Wiedersehen

wäre schön

darf nicht sein

kann ich nicht zulassen

Hoffnungslos!

Anfang

Zärtliche Berührung

Mit den Augen

Gefühle in heller Aufruhr

Vorsicht

....

Kopflos

Manchmal gedankenlos

oft auch rastlos

ständig auf der Suche

Haltlos?

Chaos

Keine Chance

Herz in Trümmern

Von dicken Mauern umgeben

Lichtstrahl

....

Traum

Schöne Zeit

Gedanken in Freiheit

Flucht vor den Fesseln

Ausweg

Kampflos

Stilles Entweichen

In Begleitung gehen

Ruhig die Welt verlassen

Entschlafen

Frühlingsgefühle
gefühlter Aufbruch
Sonne wärmt Herz
jubelnder Tag im April
Freude

....

AUFBRUCH

Erwachen
taubedeckte Wiese
Blüten brechen herauf
am Morgen des Frühlings
Aufbruch

Zukunft, was heißt das?

Unerwartete Ereignisse

Kein Vielleicht mehr

Unmögliche Dinge tun

Neues Leben spüren

Freude schenken

Tage sinnvoll gestalten

Träume

umfangen mich

lähmen mein Tun

lassen Gedanken Purzelbäume schlagen

Sehnsucht!

....

Schicksal

nicht lenkbar

schickt manchmal Zeichen

tut was es will.

Erfüllung?

NACHDENKLICH

SCHÖN

schön am Morgen
klar, ruhig, rein
still und verbogen
mein Jetzt, mein Sein

den Traum gespürt
ward mit Erwachen
dem Sinn entführt
hin zum wortlos lachen

so Du mein Tag
grüß meine Seele
dass ich vermag
dir Zeit zu stehlen

bis Dunkelheit geboren
sinniges Tun vollbracht
wir sind nicht verloren
nieder liegt die Nacht

Der Duft von Kerzenwachs durchzieht den
Raum
Ein seltsames Gefühl der Trauer überfällt die
Luft
Im Schimmer der Genügsamkeit erwacht der
Mond
Und ich wandle mit ihm in den Nebel hinein
Das Geäst der Bäume weist den Weg
Ich kann das Fallen des Schnees schon hören
Es kling wie Musik und erinnert an dein Lachen
Der Weihnachtsstern leuchtet mir all seine
Fröhlichkeit entgegen
Zum Trotz des Verdammt seins, denn nur der
Tod gibt uns das Leben
Die Ruhe der Birke verleiht der Natur die
Augen
Die Rosen sind die Opfer der Liebenden

Hörst du den Regen vor deinem Fenster

Die Musik lenkt dich ab

Versuche nicht dich dagegen zu wehren

Sag einfach ja zum Leben

Fang endlich an du selbst zu sein

Hab keine Angst etwas zu bereuen

Es ist schwer immer den richtigen Weg zu

finden

Drum such dir gute Freunde, die dir helfen

Die Sterne begleiten dich durch die Nacht

Und auf den Hängen der Vergangenheit liegt

Nebel

Geh deinen Weg auch allein

Horch leis in dich hinein

Wie Musik, das Bäumerauschen

Herz will den Klängen lauschen

Kann nicht schlafen, aufgewacht

In der schönen Traumesnacht

Sieh mit deinem Blick

Auf das große Weltgeschick

Wer für alles offen

Darf auch immer hoffen

Gott ist immer da

Leben ist so wunderbar

Siehst du den Mond über deinem Dach

Dieses Bild verführt zur Melancholie

Lass dich einfach einfangen von deinen

Gefühlen

Erkenne dich selbst

Doch versuche die Unzufriedenheit der Welt

abzuschütteln

Mach die Augen zu und stell dir vor du bist

glücklich

Aber verträum nicht dein halbes Leben

Genieße die Freiheit solange man sie dir lässt

Die Sonne steht über deinem Lächeln

Und der Wind erzählt das Lied deiner Zukunft

WEGE

Wege

verlaufen gerade

im Sand

werden schmal

schlängeln sich

führen auf und ab

bilden Hindernisse

verhindern die Sicht

machen Angst

offenbaren Neues

geben Halt

manche WEGE führen zum Ziel

MENSCHEN

Es gibt Menschen,

die nehmen Raum ein,

sie sind laut oder schrill,

sie sind groß oder breit,

sie sind bestimmend oder dominant

Und es gibt Menschen,

die ich mag.

Sei getrost, leg Dich zur Ruh

Hör der ewgen Stille zu,

lass die Engel singen

auf großen Flügeln schwingen

nicht mehr denken

jeden Schritt neu lenken

keine Angst, kein Verdrießen,

einfach nur die Augen schließen

Lass Dich treiben von der Kraft

Die der Glaube in Dir schafft

Ich seh den Himmel

Die Wolken ziehen ruhig dahin

In mir ist Stille

Unnötige Fragen nach dem Sinn

Einfach geschehen lassen

Nicht mehr kämpfen und toben

Aufhören alles zu hassen

Dafür Freude, du bist geboren

Und wieder ein neuer Anfang

Den Rest schreibt das Leben

Schreite mit festem Gang

Inhalt musst Du ihm geben

KIND SEIN

auf der Wiesen liegen

Wärme spüren

Wolken deuten

Phantasie schwebt

zwischen Himmel und Erde

Träumereien

Augen leuchten

Lippen lächeln

sanfte Brise

umspielt das Haar

Gedankenverloren

unbekümmerte Freude

Dasein

in Zeit und Raum

genießen

unbeschwerte Kindheit

REISE

Lass dich tragen

Von den Engeln

Lass dich halten

Von den Liebenden

Lass dich stützen

Von den Deinen

Lass dich begleiten

Auf deiner letzten Reise

unvergessen in unseren Herzen

Fühl mich allein

Verlassen und klein

Ein reisender Zwerg

Erklimmt den Berg

Der Zukunft heißt

Das Ziel nicht weiß

Da fehlt noch was

Im Leben Spaß

Und Sicherheit

Gar nicht leicht

Immerzu voran

Bis irgendwann

Ein guter Geist

Den Weg dir weist

Was dir ein Mensch bedeutet

Weißt du immer erst

Wenn er nicht mehr da ist

Was dir eine Geste bedeutet

Weißt du immer erst

Wenn du anfängst sie zu vermissen

Was ein Leben bedeutet

Weißt du immer erst

Wenn es zu Ende ist

Ausländer

Emigranten

Asylanten

Deutschland

HILFE!

Innenpolitik

Arbeitslosigkeit

Wohnungsnot

Deutschland

HILFE!

Verständnis

Feindbilder

Vorurteile

Egoismus

HILFE?

Wenn alles schläft,

die Ruhe auf leisen

Sohlen durchs Haus schleicht,

der Nebel die Erde

mit Tau bedeckt,

Vogelgezwitscher und Hahnengeschrei

runden die Idylle ab,

langsam erwacht der Morgen,

die Sonne taucht

aus der Tiefe herauf,

Brötchenduft steigt

in meine Nase,

das Röcheln der Kaffeemaschine

ruft mir zu: steh auf und beginne den Tag

dann endet der Traum

und die Wärme verlässt meine Kissen

die Monotonie

des Alltags hat mich wieder

ich laufe zum Bäcker

und koche Kaffee....

SEHNSUCHT NACH DER FREIHEIT

Frei wie ein Vogel möchte ich sein,

lustig, singend und doch klein.

Im Winter sind die Federn weich,

im Sommer luftig leicht.

An Kleidung wär ich nicht gebunden,

Essen wird im Grün gefunden

Ich bräucht` kein Gut, kein Geld,

nur Flügel und die weite Welt.

Ich könnte fliegen oft nach Süden,

immer nur der Sonn` entgegen

Dann würd` ich bleiben wo es mir gefällt

weiterfliegen, wenn`s mich hier nicht hält,

ein Trällern stets dabei

wie ein Vogel wär ich frei.

DER TOTE SOLDAT (Münchner Denkmal)

Du atmest, ohne Luft zu holen

du sprichst, ohne den Mund zu öffnen

du siehst mich an, ohne die Augen zu öffnen

und deine Hände beten

obwohl sie zu kalt sind

du liegst da,

friedlich und ruhig

schläfst du?

wie viele Menschen mögen an dir

vorbeigegangen sein

das Gewehr auf dich gerichtet

als Zeichen eine Kreuzes

da liegt ein Denkmal,

dessen Kälte so viele Gefühle weckt

und auch die Blumen im Kranz werden sterben

zu deinen Ehren

NACHDENKEN

Ich überlege zu viel
höre Musik
und schaue aus dem Fenster
ich stricke so dahin
und leise fällt der Schnee

Meine Gedanken fliegen durch den Raum
ich bin ruhig
und die Vögel singen ihr Lied
es ist leer in meinem Zimmer
und draußen fällt der Schnee

Was soll ich tun
ich seufze vor mich hin
ein Lächeln huscht vorbei
und bleibt auf meinem Munde stehn
ich schlafe ein
und leise fällt der Schnee

FRÜHER

Früher war alles besser
Meinst du?

Früher gab es nicht so viel Gewalt
Nein, aber es gab den 2.Weltkrieg

Früher war die Jungend nicht so ignorant und
aggressiv
Stimmt, du warst früher jung und empfandest
anders

Früher konnte man auf die Straße gehen
ohne gleich überfallen zu werden
Ja, wenn es eine Straße gab

Früher gab es viel mehr Arbeit
Sicher, deshalb hast du auch den Beruf
gewechselt

Früher war alles nicht so teuer
Die Zeiten ändern sich und Not macht
erfinderisch

Früher gab es nicht so viele Ausländer hier

Bis auf die Züge volle Gastarbeiter, die

rekrutiert wurden…

Früher war einfach alles besser

Damals warst du jung, heute lebst du in der

Erinnerung

Ich möchte nicht tauschen!

HOCHHAUS

Ein Gebäude der Geborgenheit?

Viele Fenster,

Menschen,

Wände,

Tapeten,

Träume,

Möbel,

Gedanken,

Stil,

Hoffnung,

Einsamkeit….

Was für ein ödes Leben!

EINE MUTTER

Eine Frau mit Herz
die Liebe kannt` und Schmerz.
Sie sorgte sich seit Geburt
um ihre Kinder und zwar gut,
konnt` eins nicht schlafen in der Nacht,
bei Krankheit, hat sie oft gewacht.
Sie war die Liebste auf der Welt
ohne Prunk, mit wenig Geld.
Ihr erlebtes Schicksal,
war Lachen, Krieg und Qual.
dann sind die Kinder groß geworden,
zu Mann und Frau erkoren.
Sie schafften sich ein eignes Leben.
Und Mutter? Sie stand daneben,
war zur Stelle, gütig und weich
Zwei Zimmer waren ihr Reich,
Hat nie ans Altersheim gedacht
immer alles selbst gemacht.
Nahm für sich kaum Zeit,
ihre Träume waren weit.
Sie wollt immer Neues lernen, etwas wagen

gestern wurd sie zum Grab getragen.

Ein Traum

wohnt in meinem Herzen

ab und zu

fliegt er davon

doch wenn er heimkehrt

ist er noch immer

mein Traum

nur etwas älter

und reifer

Du musst nun gehen

lässt uns zurück

nimm meine Sonnenstrahlen

halt sie ganz fest

auf deiner letzten Reise

sie wärmen und begleiten dich

sie helfen dir beim Abschied

von uns, von der Welt

sie umhüllen dich

sie schweben mit dir

sie geben Kraft durch das Tor zu treten

Schick mir einen zurück

Dann weiß ich

du bist gut angekommen

Wirst du mich irgendwann empfangen?

DA BIST DU

Da bist DU
Neues Wesen
Schaust dein Gegenüber an: mich
Ein Händchen umklammert meinen Finger
Kleine Augen erkunden die Umgebung
Deine Füßchen strampeln dazu
bis dein klarer Blick ruht – auf mir
Friedlich schläfst du ein
Langsam lässt dein Händchen
meinen Finger entgleiten

Eines Tages lasse auch dich los
Vielleicht begrüßt du selbst
einmal ein neues Wesen
Irgendwann schau wohl ich
mit Erstaunen in eine neue Welt
wenn ich mich lösen muss
Vielleicht sagt mir jemand: Hallo
und eine Hand umklammert meine Finger

ICH TRÄUMTE

geträumt

von einer Insel im Meer

die Gischt schäumt

ein kleines Boot trieb umher

Möwengeschrei

irgendwo lacht ein Kind

Gedanken sind frei

wie die Vögel im Wind

aufgewacht

es schrillt so laut

vorbei die Nacht

der helle Morgen graut

ausgeträumt

im dem grellen Tageslicht

sind Gedanken weggeräumt

bis die Nacht anbricht

Ruhezeit

Stille kehrt nun ein

In der Dunkelheit

Mein Traum kehrt heim

zu viel geweint

tränen,

immer wieder tränen

zu viel gedacht

an ein anders werden

des jetzt

zu viel gehofft

auf lachen und

zweisamkeit

zu viel erwartet

vom fröhlichen leben

zu zweit

zu viel verpasst

von der schönheit

des seins

zu viel geweint...

WÜNSCHE AN DIE BESSERE WELT

die Erde ist groß

und Menschen helfen einander

mein Herz ist weit geöffnet

die Blumen blühen

zusammen auf einer großen Wiese

ein Mantel der Liebe liegt um die Güte

in einem Lachen von Herzen

wird Glückseligkeit vereint

die inneren Werte der Menschen

werden sichtbar

durch das gegenseitige Verstehen

machen wir den ersten Schritt

zur Gemeinsamkeit

und der Einzelne

vollbringt Wunder

SIEH HIN

…und siehst du den wind über den feldern

glaube,

 an all das gute auf erden

…und siehst du ein weinendes kind

sag ihm,

dass du es magst

…und siehst du einen luftballon

träume,

er fliegt mit dir weit weg

…und siehst du eine wolke

denke,

an die reinheit des regens

…und siehst du einen baum sterben

tröste ihn,

halte seine hände

UNRECHT

Manchmal möcht ich schreien
so laut, dass man mich hört
Dann will ich einfach weinen
Bin traurig und empört

Was ist daran so schlimm
Gehörlos oder blind zu sein
Was macht`s für einen Sinn
Den Menschen anzuschreien

Warum muss man lachen
Über Behinderte gar hetzen
Oder andre Dinge machen
Die Menschen nur verletzen

Schau den Spiegel an der Wand
Dafür ist es nie zu spät
Reicht helfend eure Hand
Das ist Solidarität

AUF DER SUCHE

Auf der Suche

nach der Heimat

laufe ich

ohne Ziel

auf der Suche

nach Freunden

laufe ich

über Felder

auf der Suche

nach meinem Weg

laufe ich

in Sackgassen

auf der Suche

nach mir selbst

bleibe ich stehen

Auf der Suche

nach meinen Träumen

sehe ich

Trümmer

auf der Suche

nach Licht

sehe ich

die Nacht

auf der Suche

nach Liebe

habe ich Angst

auf der Suche

nach dem Ziel

sehe ich

den Anfang

auf der Suche nach mir

laufe ich, laufe ich...

AN EIN LIEBES MÜTTERLEIN

Du bist die beste dieser Welt

Der liebste Kumpel und mein Held

Die das Leben meistert kolossal

Mit Bravour, einfach genial

Es wissen Hund und Maus

Du bist der Chef im Haus

Immer froh und gut gelaunt

Dass sogar die Katze staunt

Bist immer duldsam geblieben

Darum alle dich so lieben

Für dich gibt's keinen Ersatz

Diese Mutter ist ein Schatz

Wer in die Ferne schaut und nur dunkle Wolken
sieht,

hat keinen Blick für das Schöne

arm, wer die Welt sieht ohne Fantasie

traurig, wem das Abendrot kein Lächeln
schenkt

NATUR - JAHRESZEIT

Der Eulen Ruf verhallt

horch den Wind im Wald

Dunkelheit umschließt die Bäume

ich vergaß meine Träume

die Schatten werden lang

Blumen schlafen am Hang

wann fällt der Schnee

wer sagt gern adieu

am Ufer liegt das Boot

ich führe gerne fort

in meiner Einsamkeit

ist Trauer nicht mehr weit

der Schwan schaut hinab

in die Tiefe, ins Grab

der Mond scheint schwach

und ich liege wach

ROSE

Dornen und Blüten

Duft der betört

Dornen die stechen

Blätter der Sanftheit

Volle Blütenpracht

Das pralle Leben

Stechende Unvernunft

Rauschen in der Nase

FRÜHLING

langsam aufgewacht
die Sonne hat's gemacht
alles scheint in sattem Grün
als kam er über Nacht

schon lang wurd' er erwartet
dass die Saison bald startet
und Strauch und Baum erblühn
sogar der Mensch mit Freud' aufwartet

Farbenspiel von violett bis gelb
Vogelzwitschern sich einstellt
Schwalben ziehen übers Land
endlich da, holde Frühlingswelt

Immer wieder gefangen von der Kraft der
Natur.
Immer wieder Wasser, Wellen, Gischt.
Geräusche der Wucht aus dem Wasser.
Immer wieder Faszination.
Leben an und mit dem Wasser.
Gegenspiel von Kraft und Ruhe, von Stille und
Macht.
Immer wieder gefangen und im Spiegel des
Wassers bin ich klein.

....

AM MEER

Sehnsüchtige Blicke

gischt aufwirbelnde Wellen

fort, weit weg

raus in die Welt

Freiheit erleben

Sonne und Meer

meine Gezeiten im Einklang

Horizont so fern

DER HERBST

Der Herbst, nicht weit

ist eine Jahreszeit

voll bunter Träume

farbig seine Bäume

der auch Stürme bringt

unheilvolle Lieder singt

lässt Sonnenblumen wanken

Weinreben aufwärts ranken

lauwarme Winde wehen

lächelnd über Felder gehen

weiße Wolkenbänder

ziehen in ferne Länder

Regentropfen sinken

Lassen Astern blinken

Rosenstöcke prahlen

rufen Sonnenstrahlen

zum Geleit am Morgen

sonst bleiben sie verborgen

und manche Blumenkinder

winken schon dem Winter

Abendrot leuchte mir

Wolkenflut lichtet sich

Farbenspiel verzaubert mich

Das Meer verliert die Gier

Geräusche wohl bekannt

Dämmerung geleitet zur Nacht

Von Engeln wohl bewacht

Stille legt sich über's Land

Nebel hingen auf den Bergspitzen

Man soll nicht in den Baum einritzen

Der Halbmond leuchtet fahl

Das Licht zum Abendmahl

Und leise schleicht der Tod

Durch das rosa Abendrot

Die Turmuhr tickt bereit

sagt wieviel Zeit noch bleibt

Bald läuten Glocken durch das Tal

Dem Schicksal ein Signal

EWIGLICH

Die Nebelfeuchte Mondwiese

umhüllt von glänzendem Lichtermeer,

strahlt in die sanfte Nacht hinein

des Wolkenzuges Farben

schweben über

mit Puderzucker bestreute Gipfel

und ein Atemzug des Himmels

offenbart hier die Herrlichkeit

Über allem steht das Unendliche,

die Ewigkeit

DER REGENWALD

Der Wald ist wie ein Dach

Er lebt, ist immer wach

Für Fauna und Getier

Lebenselixier

Jeder Baum für sich

Hat ein eigenes Gesicht

Vielfalt der Exoten

Wir hier noch geboten

Lebewesen sind bedroht

Flüchten panisch In der Not

Lang schon tickt die Uhr

Verbrecher bleiben stur

Holzen ab was geht

Bis der Zeiger steht

Der Mensch zerstört

Was der Natur gehört

WINTER

Siehst Du wie sie fallen
Die Flocken aus Schnee
Glockentöne hallen
Über dem ruhigen See

Auf all den Dächern
Sehen wir erfreut
Liegen weiße Fächer
Fein darauf verstreut

Hoch die Berge ragen
Übers Tal hinaus
Schneemänner ertragen
Die Kälte vor dem Haus

Sind die Schwalben weit
Ins Warme schon gezogen
Dann ist`s Winterzeit
Auf Erden und hoch droben

WINTERZEIT

In der kalten Winterzeit
stürmen Kinder aus dem Hause
freuen sich, nun ist's soweit
jubiliern zur Schneeballjause

Was gibt's schönres auf der Welt
denkt ein jeder, der den Winter liebt
Schneemannbauen, das gefällt
und auch Schlittenfahren ist beliebt

Mit Schnee, da lässt sich vieles machen
Burgen, Iglus, Spielereien
und so manche Schneeballschlachten
heizen dann gar heftig ein

Es herrscht laute Heiterkeit
Kinder singen ihre Lieder
in der schönen Winterzeit
wie alle Jahre wieder

WUNSCHZETTEL

Weihnachtsmann, oh Weihnachtsmann
schenk mir doch ´ne Autobahn
am liebsten hätt ich sie aus Marzipan
nach dem Spiel zum essen dann

oder schenk mir einen Krieger
gefährlich wie ein Tiger
der ausgebildet ist als Flieger
mit dem bin ich dann Sieger

oder schenk mir eine Klarinette
ich mach mit dir dann jede Wette
wenn ich sie nur erst mal hätte
spielte ich wie es der Miller täte

oder schenk mir einen Hund
den taufte ich dann „Spund"
ein Freund, mit dem ging`s rund
dann wär mein Leben kunterbunt

VORFREUDE

Die letzte Nacht nun im Advent
voll Spannung auf das hohe Fest
die vierte Kerze heute brennt
schnell vorbereiten noch den Rest

Nun leuchtet unser Weihnachtsbaum
voll bunter Kugeln und Lamettaglanz
erscheint ein Engel dir im Traum
lad ihn ein zur Martinsgans

Denn morgen ist's soweit
der Heiligabend steht bevor
es freuet sich die Christenheit
es jubiliert der Sanges-Chor

WEIHNACHTSHARMONIE

Harmonie und warme Herzen

stimmen uns gar feierlich

Lichterglanz der Kerzen

macht die Stuben weihnachtlich

Unter schmucken Tannenbäumen

liegen die Geschenke schon bereit

erfüllen wohl so manche Träume

in der frohen Weihnachtszeit

Gabi Geiger-Käsmeier, Jahrgang 1962,
aufgewachsen im Ruhrgebiet. Durch Beruf und
Familie mindestens 12 Mal umgezogen.

Schreiben war seit der Jugend schon immer
Thema. Als Teenager wurden Gedichte statt
Tagebuch geschrieben.
Es befreit, es beruhigt und es macht bis heute
Spaß Gedanken in Reimform zu bringen.
Fortsetzung folgt…..